ESSAI

SUR

L'HISTOIRE DE LA PROPRIÉTÉ

EN ALGÉRIE.

ESSAI

SUR

L'HISTOIRE DE LA PROPRIÉTÉ

EN ALGÉRIE

PAR

EUGÈNE ROBE

Avocat, suppléant de la Justice de Paix à Bône.

BONE

IMPRIMERIE DE DAGAND.

AVRIL 1848.

ESSAI

SUR

L'HISTOIRE DE LA PROPRIÉTÉ EN ALGÉRIE.

CHAPITRE Ier.

ÉTAT DE LA PROPRIÉTÉ AVANT L'OCCUPATION FRANÇAISE.

L'histoire de la propriété d'un peuple, c'est l'histoire de sa civilisation. La question des terres fut dans toutes les sociétés une question sérieuse, brûlante et politique. La constitution civile du sol, c'est le miroir réflétant trait pour trait les idées et les mœurs de l'époque et du lieu. C'est ainsi qu'en France la propriété est libre, variable, avec l'esprit original et indépendant des premiers siècles qui suivirent l'invasion barbare; féodale et main-mortable avec la chevalerie et le mysticisme monacal du moyen âge; plébéienne et divisible à l'infini, sous l'empire du nivellement général de 1789. Nous la voyons en Angleterre, aristocratique avec les priviléges des landlors; seigneuriale en Russie avec les serfs du boyard. Si nous portons nos investigations sur des pays neufs, vierges; si nous suivons le développement graduel de la propriété dans une colonie à son enfance, nous y remarquons un travail de création et d'organisation proportionné aux progrès de la conquête, au caractère et aux besoins de la population, et qui ne ralentit sa marche que par l'obtention des garanties nécessaires à son existence.

Selon moi, l'état actuel de la propriété en Algérie a besoin, pour être compris et apprécié, d'être connu dans son origine et dans son histoire. C'est pour parvenir à ce résultat que je vais tenter quelques efforts. En toute chose, les améliorations efficaces ne sont possibles que par une connaissance exacte de ce qui a été fait pour arriver à la situation présente.

Lorsqu'en 1830, nous sommes arrivés en Algérie, nous y avons trouvé la propriété constituée d'après un principe singulièrement empreint de l'esprit religieux des indigènes. Le mystérieux des mœurs et des usages locaux ; les idées de théocratie du coran formaient un de ses principaux caractères.

Pour être exact dans notre appréciation, il faut distinguer le sol des villes occupées par les Maures, Turcs, Juifs, et les plaines qui avoisinent les villes, du sol des tribus.

Pour le premier, il y avait appropriation privative au profit de quatre classes de propriétaires : les corporations, parmi lesquelles on distinguait la Mecque et Médine, le Beit-el-Mail ou agent des successions, les particuliers et le beylik dont les terres étaient affermées et régies par un ministre spécial qui portait le nom de *kodja-el-kheil* (écrivain des chevaux).

On reconnaissait dans le périmètre urbain de la régence deux sortes de propriétés : la propriété *melck* ou libre, telle que nous l'admettons en France, et la propriété *habbous*, celle frappée de substitution fidéicommissaire au profit de certaines corporations, établissements religieux ou même de particuliers. En principe, la terre frappée de *habbous* ne pouvait être l'objet d'aucune transaction, elle pouvait bien être donnée à bail, mais le bail ne pouvait pas excéder trois années. C'était donc une propriété de main-morte avec ses entraves et son immobilité. Mais, de même que nos ancêtres avaient trouvé un moyen ingénieux pour atténuer les conséquences d'un séquestre perpétuel qui pesait sur les biens

mains-mortables, de même les indigènes avaient imaginé
une mesure qui, en réalité, enlevait aux *habbous* leur caractère de bien inaliénable. Cette mesure consistait en une
vente dont le prix était une rente perpétuelle et qui transfé-
rait la propriété à l'acquéreur. Le *habbous* devenait alors *melck*,
mais il était grevé par privilége du service de la rente perpétuelle. La rente s'appelait *ana* et la vente ainsi faite s'appelait
vente à l'*ana*. Mais, rigoureusement, pour que la vente fût
parfaite, quelques formalités étaient nécessaires : il fallait,
par exemple, que deux assesseurs du cadi eussent examiné
si le prix de la cession était en rapport avec la valeur de la
propriété *habbous*, qu'ils eussent fait un rapport au *midjèles*,
et que ce tribunal eût prononcé l'*équité* du contrat. Ces conditions étaient-elles remplies ? l'*akd* (titre) appartenait de droit à
l'acheteur. La différence entre la vente à l'*ana* et la vente or-
dinaire était à peu près la même que celle que nous trouvons
dans les théories du droit romain, entre la vente transférant
le domaine *bonitaire* et celle transférant le domaine *quiritaire*,
c'est-à-dire qu'à Alger comme à Rome, cette différence était
presque nulle et à peine perceptible dans quelques circonstances accessoires et insignifiantes.

Avec les *habbous*, le *cheffa*, c'est-à-dire un droit qui repré-
sente à lui seul le mystérieux des mœurs musulmanes. Par le
cheffa, le propriétaire partiel d'un immeuble pouvait rache-
ter la portion de cet immeuble vendue par son copropriétaire,
en remboursant à l'acquéreur son prix d'acquisition et les
frais de contrat ; le retrait pouvait aussi être exercé quelquefois entre voisins.

Le résultat économique des fondations pieuses et des *habbous* était de soustraire à la fécondation, par le travail libre
et l'esprit de spéculation intelligente, des masses de terres
qui demeuraient stériles dans les mains de leurs possesseurs
qui les ignoraient quelquefois. Aussi le sol chez les indigènes
était en grande partie inculte. Les plus grandes richesses de

ceux-ci étaient commerciales et mobilières. Les richesses qu'une terre pleine de vie et de sève pouvait donner étaient négligées.

C'est dans toutes les religions au nom desquelles on prêche la domination terrestre, qui possèdent une aristocratie de ministres puissants, redoutables, et par conséquent ambitieux, que l'on trouve de grandes propriétés placées sous un séquestre religieux, sous prétexte d'exploitation dans l'intérêt du ciel. J'ajouterai que les religions n'arrivent à être ainsi propriétaires qu'après avoir perdu une partie de leur force morale et de leur action salutaire sur les esprits. L'islamisme, pas plus que le christianisme, n'était *haut-tenancier* dans son premier âge, et cependant quelle ardeur, quelle conviction, quel héroïsme dans le premier ! Quelle foi, quel amour et quelle puissance de civilisation dans le second !

Les transactions immobilières étaient extrêmement rares au milieu de la vie calme et somnolente des indigènes. La mosquée, le sérail et le café remplissaient leur existence ; et encore la plupart des immeubles qui faisaient l'objet des ventes appartenaient à des absents ou à des mineurs. L'usage et la jurisprudence avaient admis que le cadi, se constituant d'office le mandataire des absents et le tuteur des mineurs, pouvait aliéner leurs biens et les représenter dans toutes les affaires qui les intéressaient.

Le Coran a fait une chose remarquable et nouvelle, en parvenant à réunir dans le même homme le repos le plus apathique de la famille et le fanatisme le plus exalté de l'esprit religieux.

Les propriétés étaient rarement délimitées ; quand un chef de famille mourait, ses héritiers jouissaient par indivis des immeubles recueillis dans la succession, pour se les partager ensuite à l'amiable ; un petit nombre de ces partages avait lieu avec l'intervention des cadis ; de là, absence de titres et incertitude sur la consistance de chaque part héréditaire. Presque toujours, le droit de propriété résultait de la possession. C'est là le côté original d'un peuple chez lequel la tradition est si puissante.

Chez les tribus, le droit privatif sur le sol n'existait pas, la propriété était un attribut de la souveraineté. La division du territoire de la régence en beyliks, tribus, douars, dans lesquels commandaient des beys qui relevaient directement du dey d'Alger, lequel, à son tour, recevait l'investiture du sultan, des scheiks et des chefs de douars, répondait à l'appropriation des terres. Le dey fixait l'emplacement de la tribu, le scheik assignait le périmètre du douar, et le chef du douar faisait le partage des terres entre les familles; le lot de chaque chef de tente était proportionné à sa fortune. Le partage avait lieu tous les ans; mais il fallait des raisons graves pour qu'une famille fût dépossédée de la terre qu'elle avait reçue. Les Arabes pauvres cultivaient pour d'autres; on leur fournissait les semences, les ustensiles et les bestiaux. Ils travaillaient et avaient droit au cinquième de la récolte; c'est pour cela qu'on les appelait *kramas*.

On trouvait cependant quelques propriétés individuelles, mais ces propriétés étaient rares; elles provenaient d'apanages faits par les deys et les beys.

Il résulte de cette organisation que la terre était essentiellement inaliénable, et que les possesseurs étaient de simples usufruitiers qui, en retour de la concession qui leur était faite, payaient un double tribut, l'*achour* ou dîme sur les récoltes, payé en nature; le *hokor* ou loyer de la terre, payé en argent. Aussi le gouvernement, pouvant disposer de la plupart des terres, s'emparait souvent de tous leurs produits et monopolisait le commerce à son profit. Au reste, cette absorption de toutes les terres par le chef de l'état n'était pas spéciale à la régence; c'est là un caractère que nous trouvons encore aujourd'hui dans tous les gouvernements théocratiques de l'Orient, en Turquie, et particulièrement sur la côte septentrionale de l'Afrique. Le sol de l'Egypte, ce sol si riche, se trouve possédé dans les mêmes conditions. Là, les terres sont divisées en deux classes : terres franches et terres inféodées. Les premières sont celles qui se trouvent dans les environs des villes principales, laissées à la propriété privée; les secondes sont cultivées par les *fellahs*, pour le compte du pacha qui en est devenu propriétaire depuis la chute des mamelouks. Les *fellahs* gardent pour eux les deux tiers des produits, sur lesquels ils paient le *miri* ou impôt territorial; de sorte que Méhémet-Ali peut-être considéré comme propriétaire de presque tout le sol égyptien. Aussi, c'est à cause de sa grande fortune, dont il fait au reste un emploi généreux, qu'il a fait toutes les améliorations que nous connaissons pour fertiliser et enrichir son pays.

En Perse, toutes les terres sont la propriété des *sahs*. Les particuliers ne les possèdent que comme fermiers, à titre de bail emphytéotique.

Les anciens Juifs de la Judée n'étaient que locataires du sol, dont la propriété appartenait au *seigneur*. Sous l'empire des incas, au Pérou, la distribution des terres se faisait tous les ans, le jour de la fête du soleil, entre tous les chefs de famille.

Mais pourquoi, en ce qui concerne l'ancienne régence, cette différence entre la propriété des villes et de leurs environs et la propriété des tribus? Pourquoi ici l'appropriation commune, et là l'appropriation privative?

En conquérant les états barbaresques de l'Afrique, les musulmans ont trouvé une société romaine, c'est-à-dire une société constituée sur le principe de la propriété individuelle; ils ont détruit ce principe et proclamé la maxime : que toute terre appartient au calife, qui ne peut pas aliéner son droit. Cette maxime était plutôt la conséquence de l'organisation politique du pouvoir musulman, qu'une doctrine enseignée par le Coran ou résultant de son esprit; car le Coran semble admettre la propriété individuelle. Peu à peu et à mesure que le musulman aspirait quelque souffle de civilisation et que l'autorité despotique des chefs suprêmes s'affaiblissait, les habitants des villes profitaient de ce relâchement gouvernemental pour s'approprier le sol qu'ils détenaient par droit d'investiture. C'est ainsi qu'ils ont fini par être considérés comme de véritables propriétaires simplement soumis à l'impôt public, tandis que les tribus plus éloignées du foyer des mouvements politiques sont toujours restées soumises au joug primitif qui pésait sur elles et, par conséquent, à la constitution du sol qu'on leur avait faite. C'est cette position toute particulière des tribus qui a fait dire à M. Baude, membre d'une commission de colonisation : « Nous avons donc conquis dans l'Algérie un pays où il n'existe en réalité que des biens nationaux disponibles, et le gouvernement français est à cet égard en possession de tous les droits et de tous les pouvoirs dont celui des Turcs était dépositaire. »

Ainsi, sous un point de vue général, la théocatie et l'immobilité, tels sont les caractères originaux de la propriété dans la régence.

CHAPITRE II.

DE LA PROPRIÉTÉ APRÈS LA CONQUÊTE.

De 1830 à la promulgation de l'ordonnance du 1er octobre 1844.

Après la conquête, la constitution de la propriété indigène ne tarda pas à se modifier, au moins à la surface, à l'extérieur ; c'était la conséquence nécessaire du déplacement du droit par suite des transactions qui intervinrent entre les européens et les indigènes. En prenant possession du territoire de la régence, nous avions le choix entre deux voies : en usant complètement du succès de nos armes, nous nous emparions de toutes les terres par droit de conquête, comme les Barbares avaient fait en envahissant les provinces de l'empire romain; nous les placions sous le séquestre pour en faire ensuite un partage général, à titre gratuit ou à titre oné·reux ; ou bien nous saisissions seulement le gouvernement et tout ce qui lui appartenait, en reconnaissant partout le droit de propriété privée. Le choix était important, capital et décisif pour l'avenir de la colonie. Par la capitulation du 5 juillet 1830, nous avons choisi le dernier parti, et je crois que nous avons eu tort. Nous pouvions d'autant plus adopter le premier sans paraître spoliateurs que, comme je l'ai dit, la propriété individuelle n'existait pas dans le territoire de la régence sous le gouvernement musulman; si les habitants des villes l'avaient acquise, ce n'était qu'à l'aide d'une sorte d'usurpation, puisqu'en principe, toute terre appartenait au calife. D'ailleurs la prudence et l'équité auraient pu nous guider dans les mesures que nous aurions prises à cet effet. Qu'y avait-il de plus facile que de conserver aux indigènes des villes les terres sur lesquelles ils jouissaient d'un droit de propriété, jusqu'à concurrence de ce qu'ils pouvaient cultiver ou faire cultiver, et de leur enlever le surplus ? Qu'y avait-il de plus raisonnable que de cantonner les tribus au fur et à mesure de leur soumission? De fixer définitivement le périmètre nécessaire à leur culture et à leur existence, et de déclarer domanial l'excédant de leur territoire? En faisant cela, nous aurions agi sagement. Nous ne tarderons pas à comprendre que l'état déplorable dans lequel la propriété s'est trouvée est une conséquence de l'inintelligence de ce choix impolitique. Pour éviter toute confusion, je dois dire que l'administration, dans tout ce qu'elle a fait d'officiel pour le sol de l'Algérie, a toujours cru ou feint de croire à l'existence générale du droit privatif. Au reste, comme nous ne pouvons comprendre dans nos recherches que le périmètre urbain, c'est-à-dire le sol sur lequel les européens se sont établis, cette erreur administrative n'a pas de danger.

Le domaine du nouveau gouvernement fut formé avec tous les biens ayant appartenu au dey, aux beys, aux Turcs sortis du territoire de la régence ainsi que de ceux affectés à la Mecque et à Médine. Mais, sur la réclamation des ulémas, la disposition de l'arrêté relatif à ces derniers biens ne fut pas exécutée. Ils continuèrent à être gérés par des administrateurs musulmans, au choix et sur la surveillance du gouvernement français (arrêté du 7 décembre 1830). Un autre arrêté fut encore publié sur ce point, le 31 octobre 1838. Mais les biens religieux ne furent réellement régis par l'administration financière et ne devinrent sérieusement propriétés de l'état qu'après l'arrêté du 23 mars 1843.

Le principe conservateur de la propriété privée, inséré dans la capitulation du 5 juillet, et dont nous venons de parler, tout en étant un hommage rendu à la civilisation, engendra une spéculation désordonnée. Les spéculateurs que les conquêtes traînent toujours à leur suite, pour devenir propriétaires de toutes ces terres belles et fertiles de la Mitidja et du Sahel, s'abouchèrent avec les indigènes dont ils excitèrent la cupidité par le besoin qu'ils avaient de leur concours. Voilà que tout-à-coup ceux-ci vendent à profusion des immeubles ruraux sans limites certaines, sans contenance déterminée. Ils firent plus, ils vendirent des terres pour lesquelles non-seulement ils n'avaient aucun titre, mais dont la position était souvent ignorée et imaginaire. Les acquéreurs, auxquels une prime était toujours assurée, ne se montraient pas difficiles sur la valeur ou l'existence du droit primitif. Un acte de notoriété, genre de titres dont on a tellement abusé que l'on a fini par rendre ridicule, était toujours une ressource, et, à la rigueur, on pouvait s'en passer. Dans ces temps fiévreux, on a vu les mêmes personnes vendre plusieurs fois les mêmes immeubles ; on assure que la Mitidja fut vendue dans une étendue sept fois plus grande que celle qu'elle a réellement. Une circonstance augmentait encore le désordre : dans la vie mystérieuse et insouciante des indigènes, les droits de propriété étaient souvent abandonnés à la bonne foi, qui faisait quelquefois défaut, et à la publicité de la possession. Il résultait de là que le droit était flottant et l'empiétement facile. On vendait, mais on vendait comme on possédait, comme l'on avait acquis ; on transmettait son droit avec toute son incertitude ; on cédait sa terre incultivée et sans avoir fait aucun acte de propriété utile.

Vous connaissez l'histoire de ce musulman d'Alger qui était parti en 1829 pour le pèlerinage de la Mecque. En 1835, il revint en tremblant dans sa patrie conquise, se résignant à souffrir pour la sainte cause toutes sortes de mauvais traitements, sinon une mort certaine et cruelle. Mais quelle n'est pas sa surprise, lorsqu'au lieu d'une couronne de martyr, il voit tout-à-coup arriver chez lui un européen bien frisé, bien ganté, le sourire glissant sur les lèvres, qui lui annonce qu'il est propriétaire de la moitié du Sahel et qu'il veut la lui acheter argent comptant. Le pélerin, qui n'avait jamais possédé une toise de terrain, ouvre de grands yeux à cette nouvelle ; il jure que son visiteur se trompe, qu'il le prend pour un autre. L'européen insiste de la voix et du geste ; le musulman se récrie encore ; enfin, il se laisse persuader et finit par être convaincu que l'efficacité de son pèlerinage lui a apporté cette bonne fortune. Il rend grâces au prophète et vend *sa propriété*.

Il faut bien le dire, le gouvernement manqua de sagesse et de prudence, en autorisant au début de la conquête les transmissions immobilières entre indigènes et européens. Le système qu'il avait embrassé était, il est vrai, mauvais en principe ; mais, à l'aide de quelques mesures intelligentes et préventives, il pouvait au moins en atténuer les conséquences ; c'est ce qu'il n'a pas compris. Il lui a fallu le scandale pour l'instruire, et l'anarchie pour l'éclairer. Quelques dispositions transitoires et restées inexécutées trahissent la connaissance que l'administration avait de la situation de la propriété. Un arrêté du 1er mars 1833 soumet à une vérification générale par une commission spéciale tous les titres de propriétés civiles et religieuses. Les biens séquestrés n'avaient pu échapper à l'action envahissante des acheteurs de terres ; pour empêcher le renouvellement de cette illégalité, on fut obligé de défendre à tout fonctionnaire chargé de donner l'authenticité aux actes, de prêter leur ministère pour transactions de ce genre (arrêté du 24 avril 1834). Les transactions immobilières furent provisoirement suspendues dans la province de Bône (arrêté du 28 octobre 1836); un autre arrêté du 10 juillet 1837 vint retrécir le cercle de la liberté d'acquérir dans la province d'Alger et limiter le territoire sur lequel les européens pourraient former des établissements. Mais toutes ces mesures étaient impuissantes pour empêcher le mal. Enrichir le sol et le fertiliser par une culture intelligente était le moindre souci des acquéreurs d'immeubles.

Comme on le voit, on peut dire qu'en principe la liberté transactionnelle existait dans tous les territoires conquis ; les spéculateurs suivaient la victoire et la marche progressive de nos soldats, et si des restrictions étaient quelquefois apportées à cette liberté, ce n'était que par mesure exceptionnelle et provisoire.

Aujourd'hui, la position est plus précise. On finit par diviser le sol de l'Algérie en trois sortes de territoires : territoire civil, où les transmissions immobilières sont complètement libres et soumises à la juridiction civile ; territoire mixte, placé sous la juridiction militaire, où elles sont prohibées en principe et permises exceptionnellement avec l'autorisation de l'administration ; territoire arabe, où règne l'autorité indigène relevant du gouvernement français. Cette division tripartite est bonne en principe ; elle est un obstacle à ce que les indigènes soient dépossédés du sol, où ils doivent prendre racine pour arriver à l'assimilation que nous devons espérer et pour laquelle nous devons travailler ; elle met un frein à la spéculation aveugle et réserve des terres pour le jour où le gouvernement s'arrêtera à la pratique d'un système de colonisation. Mais, je dois ajouter que cette division territoriale n'est pas, sous tous les rapports, exempte de reproches. Ainsi, pour ne prendre qu'un exemple : la petite ville de Guelma est dans une situation de sécurité aussi rassurante que celle de Bône ou de Blidah ; les populations indigènes qui l'avoisinent sont aussi soumises, aussi pacifiques que les tribus des Karésas ou des Beni-Moussa ; ses relations avec Constantine et Bône sont suivies ; la voie de communication qui la relie à ces deux villes est fréquentée, en dépit de l'administration qui ne s'en est pas occupée jusqu'à présent. Eh bien ! Guelma est territoire mixte, administré militairement ; ses immeubles sont mis sous le séquestre, et Bône et Blidah sont territoires civils ! Je suis encore à m'expliquer cette fâcheuse différence ; notez bien que cet exemple n'est pas le seul que l'on puisse produire.

Quels étaient les formes et le caractère des transmissions immobilières dans la période de temps qui se place de 1830 à la promulgation de l'ordonnance du 1er octobre 1844? C'est ce que je vais rechercher.

CHAPITRE III.

FORME ET CARACTÈRE DES TRANSMISSIONS IMMOBILIÈRES DANS LA PÉRIODE DE 1830 A 1844.

Dans cette période, la terre conserva une partie de son caractère féodal. Les *habbous*, comme le *melck*, devinrent l'objet de baux à long terme, qui ne sont autre chose que des baux ordinaires et soumis aux règles du droit commun. Ils furent aussi l'objet de baux à rente perpétuelle, qui se confondirent avec les ventes à l'*ana*. L'*ana*, généralisé en prenant une couleur et une physionomie toutes françaises, s'appliqua à toutes les transmissions immobilières, qui avaient généralement lieu sous la forme de baux à rente perpétuelle, sans distinction de *melck* ou de *habbous;* seulement, pour ces derniers, le bail à rente perpétuelle s'appelait *vente à l'ana.* Mais, s'il y avait une différence dans la dénomination des contrats, selon que le bien était *libre* ou l'objet d'une substitution, il n'y en avait point dans les choses.

En se transformant selon les nécessités de l'époque, l'*ana* perdit un de ses caractères originaux. Il devint une rente foncière telle que cette rente existait dans l'ancien droit de la *mère-patrie;* il formait toujours, comme avant la conquête, un droit réel, donnant toujours par conséquent une action réelle; mais, à la différence d'autrefois, le créancier rentier pouvait exercer contre le tiers détenteur pour le paiement des arrérages, l'action en déguerpissement ou en résiliation de contrat. C'est ce qui a été jugé par le tribunal d'Alger le 20 novembre 1838.

L'introduction de ce droit mixte en Algérie, exclu de la nouvelle législation de la métropole, la conservation de la rente ou de l'*ana* pour base des aliénations d'immeubles, trouvent leur explication dans la force de la tradition musulmane d'un côté, et dans la crainte d'une évacuation possible de l'autre. En substituant l'annuité au capital, pour le *melck* comme pour le *habbous*, on répondait aux appréhensions et aux espérances des deux parties contractantes; on stimulait l'esprit de colonisation utile, auquel on offrait une garantie contre des éventualités que la faiblesse du gouvernement rendait réalisables, et les petits capitaux trouvaient ainsi le moyen d'arriver à la propriété. C'était là un état de choses transitoire, formé d'éléments empruntés à deux législations diverses et créé par la force même des circonstances; il devait disparaître devant le développement des relations transactionnelles et sociales de la colonie et le besoin de réformes législatives qui se faisait puissamment sentir.

A côté des propriétaires tenant leurs droits directement des indigènes, n'ayant d'autres titres que ceux qui leur étaient fournis par leurs vendeurs, se trouvaient les concessionnaires, les propriétaires par transmission de l'état. Je ne veux pas entrer ici dans l'examen du système de concessions pratiqué par le gouvernement, mais je puis dire, sans crainte d'être contredit, que ce système avait des vices nombreux : il était généralement empreint d'un caractère de provisoire, de vague et d'indécision; il trahissait des vues mal arrêtées et une pensée qui était à la recherche d'une résolution; cependant il y avait une bonne idée dans l'obligation imposée aux concessionnaires de cultiver, préalablement à l'obtention d'un droit définitif sur la terre concédée. Mais cette disposition, qui était une consécration du droit du travailleur, était si mal observée qu'elle devenait complètement inutile. D'un autre côté, la législation, en combinant l'action simultanée de l'administration métropolitaine et de l'administration locale, a paralysé les volontés appelées à concourir à son application. On ordonnait à Paris, on refusait à Alger ; de là, un conflit fâcheux qui suscitait des lenteurs interminables, dégoûtait les agriculteurs qui souffraient seuls de cet état de choses. Dans ce temps, pour obtenir une concession, il fallait être intrépide, et encore ne parvenait-on pas toujours à surmonter tous les obstacles.

Le droit de propriété sur les cimetières est une question qui a soulevé bien des difficultés et des procès.

Les musulmans avaient l'habitude, avant l'occupation comme aujourd'hui encore, d'enterrer leurs morts dans les terrains qui avoisinent les villes. Il y avait des cimetières publics pour la sépulture commune de tout *vrai croyant*, à quelque classe qu'il appartînt ; mais les pauvres seuls y étaient inhumés ; chaque famille, non-seulement riche, mais vivant dans quelque aisance, avait un cimetière privé, entouré de grands murs blancs ou d'une haie de figuiers de Barbarie, et dans lequel chacun des membres qui la composait allait reposer après sa mort.

Les européens, exploitant habilement la valeur éventuelle de ces cimetières, par suite de leur proximité des villes, s'empressèrent de les acheter. Les vendeurs n'avaient pas de titres. Le fait d'une possession paisible pour les uns, ou une prétention non justifiée pour les autres, leur en tenaient lieu. Dans cette position, les parties s'adressaient aux cadis qui leur vendaient très-facilement un acte de notoriété.

Bientôt le domaine, qui est aussi un propriétaire très-ombrageux, prétendit des droits aux cimetières, comme ayant succédé au dey et aux corporations religieuses. Le litige fut longuement discuté, et à l'heure qu'il est il n'a pas encore reçu de solution définitive.

Au domaine, qui prétendait à une éviction complète et absolue en vertu de ce principe : qu'il est propriétaire de tous les biens sur lesquels les particuliers ne justifient pas de leur droit, les acquéreurs répondaient par la production d'actes de notoriété rédigés selon les règles de la législation musulmane; le domaine disait que les actes de notoriété sont des actes de complaisance apocryphes, n'ayant aucune force probante par eux-mêmes. Les acquéreurs combattaient cet argument en répliquant que ces titres émanaient d'une autorité reconnue par le gouvernement français.

Comme on le voit, les prétentions des parties étaient respectivement exorbitantes; la question était déplacée; on disputait sur la valeur d'un titre qui n'avait rien à faire dans le procès. Un acte de notoriété n'est jamais un titre, je crois même qu'il ne peut avoir aucune signification propre. Cet acte, devant un titre régulier ne résistera pas; et, en l'absence d'un titre régulier, il devient inutile s'il y a possession suffisante. Il y avait cependant un excellent moyen de trancher la difficulté conformément à la loi : le domaine, en réduisant son action en revendication aux cimetières publics, aurait eu raison, et les acquéreurs, en se résignant à la conservation des cimetières privés, n'auraient pas eu tort. Espérons qu'on finira par s'entendre.

C'est en vain que vous chercherez dans l'état de la propriété, telle qu'elle nous apparaît dans cette période de quatorze années, une constitution assise et juridique, une œuvre législative qui fixe le caractère, l'étendue et les effets du droit de propriété. La propriété, incertaine, confuse, d'une origine douteuse et prompte à changer de maître, est l'image de la société coloniale, flottante, variable, pressée de jouir des avantages de la situation, n'ayant aucun but bien fixé, se constituant au hasard et manquant d'une organisation civile. Rien n'est lié, tissu, coordonné; partout c'est une obscurité, ou un crépuscule qui annonce le travail qui se fait dans toutes les parties de la société; c'est un malaise général que tout le monde sent et dont tout le monde aspire la fin.

CHAPITRE IV.

DE LA PROPRIÉTÉ DEPUIS L'ORDONNANCE DU 1er OCTOBRE 1844
JUSQU'A L'ORDONNANCE DU 21 JUILLET 1846.

L'ordonnance du 1er octobre 1844 fut publiée et vint ouvrir une ère nouvelle pour la colonisation. Elle forme le code de la propriété rurale à laquelle elle donna un caractère précis et une position européenne. En supprimant les *habbous* dans les mains de l'indigène comme dans celle de l'européen, elle fit disparaître une entrave à la circulation immobilière, produit d'une législation vieillie et dont les dispositions ne sympathisaient plus avec les besoins et les idées de la jeune population qui venait s'implanter dans le sol. En déclarant que les baux à rente perpétuelle sont des ventes, et que les rentes sont essentiellement rachetables, elle effaça ce qu'il y avait de fictif, d'arbitraire et de bâtard dans le droit de l'époque précédente et fournit aux tribunaux un flambeau pour apprécier les effets d'un contrat dont la nature n'avait jamais été parfaitement comprise. Enfin, en soumettant par son article 7 aux règles du Code civil toutes les ventes immobilières qui auraient lieu à l'avenir, elle commença l'introduction du droit commun dans la colonie, rendit plus transparent le voile épais qui obscurcissait les transactions sur les immeubles et par conséquent fit faire un pas à l'œuvre de l'assimilation progressive, qui doit être le but constant d'un gouvernement fort, prudent et éclairé.

Il existait une question dont la solution, cherchée depuis longtemps, n'était pas sans difficultés. Comme je l'ai déjà dit,

les actes d'acquisitions immobilières fixaient souvent des con-
tenances exagérées, fabuleuses, et les acheteurs, au moment
de prendre possession, quand toutefois ils prenaient possession, ne trouvaient que la moitié, le tiers, le quart ou le
cinquième de ce qu'ils croyaient avoir acheté. D'après le
droit commun de la France, il n'y a lieu à diminution ou à
augmentation de prix qu'autant que la différence de la mesure réelle à celle exprimée au contrat est de plus d'un
vingtième en plus ou en moins. Devait-on appliquer ces principes aux ventes qui avaient eu lieu en Algérie? Raisonnable-
ment on ne le pouvait pas, ou bien il fallait s'exposer à voir
l'existence de tous les contrats remise en question et une
multitude de procès venir accroître encore l'obscurité. C'est
ce que le législateur de 1844 a paru comprendre, car il
dispose que pour les ventes d'immeubles ruraux antérieurés
à l'ordonnance, et pour celles-là seulement, l'action en sup-
plément ou en diminution de prix ne peut être admise qu'autant que la différence est de plus d'un tiers. Cette disposition
ne s'applique qu'aux propriétés situées dans les plaines et
les *haouch*, et non aux campagnes connues sous le nom de
behera et *djenan* dont la vente se fait toujours sans indication
de contenance; mais le législateur ne s'est sans doute pas
aperçu qu'il édictait là une mesure impraticable. En effet,
la contenance indiquée dans les contrats est toujours
de tant de *paires de bœufs*; la paire de bœufs varie d'étendue
dans chaque tribu, dans chaque douar, pour chaque individu
même; il en résulte qu'il est presque toujours impossible de
l'apprécier d'une manière exacte.

On rencontre dans l'ordonnance une foule de dispositions
de ce genre, c'est-à-dire impraticables en fait, bien qu'excel-
lentes en principe. Cela provient de ce que nos législateurs
par ordonnance ne connaissaient pas l'Algérie et qu'ils négli-
gaient d'étudier le pays pour lequel ils faisaient des lois.

Il y a un article qui a été l'objet de bien des critiques et qui cependant est la plus belle page de ce travail ; c'est celui qui soumet l'acquisition de propriétés par des fonctionnaires civils et militaires à l'autorisation préalable du gouvernement. La moralité de cette prohibition législative, c'est qu'il faut soustraire les fonctionnaires à la possibilité d'user de leur influence et des avantages de leur position pour faire leur fortune personnelle. L'histoire qui a inspiré le législateur est là pour le justifier. Je ne parlerai pas des proconsuls romains auxquels il était permis de gouverner par la spoliation ; avec nos institutions, nos mœurs, notre liberté de la presse, et surtout notre gouvernement démocratique, tel que nous l'avons depuis quelques jours, les abus de l'ancienne Rome ne sont plus à craindre. Il est d'ailleurs inutile de remonter si haut pour chercher des précédents. Voyez ce que la gentilhommerie administrative de l'Angleterre a fait aux Indes : il suffit de dire qu'il y a trente ans le plus mince fonctionnaire anglais dans l'Inde revenait sur les bords peu fleuris de la Tamise, après six années d'exercice, avec 1,000 livres sterlings de rente, léger revenu provenant d'acquisitions immobilières sur les Indiens, qui étaient restés propriétaires.

Un fonctionnaire de la colonie appartient tout entier à la colonie. Il est si facile d'abuser du pouvoir, qu'il faut, autant que possible, éloigner de ceux qui le possèdent les moyens d'abus. Toute loi faite dans cet esprit sera toujours une bonne loi. La réputation et l'action morale des fonctionnaires y sont même intéressées. Il est bon que le soupçon ne puisse même pas s'élever jusqu'à eux. Des intérêts froissés ou des convoitises comprimées accusent l'ordonnance du 1er octobre d'être une loi de suspicion contre les fonctionnaires et s'en offensent. Sans doute c'est une loi de suspicion contre les fonctionnaires, et depuis quand ne peut-on plus faire de ces sortes de lois ? Remarquez donc que tout notre *corpus juris* français en est plein, et que le Code pénal en particulier renferme un chapitre très-long sur les abus d'autorité.

A Sparte, une loi défendait aux magistrats non-seulement d'acquérir pendant leur magistrature, mais même de posséder un coin de terre. Il est vrai que nous ne sommes pas des Spartiates et que nous n'aimons pas le brouet noir, mais cependant les républiques anciennes méritent d'être imitées sur plus d'un point. Nous admirons leurs institutions si libérales, leur valeur, leur générosité, la grandeur de leur caractère; nous aimons ces peuples sublimes qui préféraient la mort à un gouvernement tyrannique. Sachons ne pas nous contenter d'une vaine admiration, imitons-les quelquefois, tout en tenant compte des différences de temps, de lieu et de civilisation.

L'article 16 de l'ordonnance pourrait être sévère, injuste, impolitique même pour les colonies de la Martinique et de la Réunion, sans cependant l'être pour celle de l'Algérie. Ici, où tout est à défricher et à cultiver, tout propriétaire rural doit nécessairement être cultivateur; tout propriétaire rural doit avoir une ferme grande ou petite, qu'il fait valoir lui-même. Cette position d'agriculteur complique ses relations, ses intérêts, absorbe une grande partie du temps qu'il doit consacrer aux devoirs de sa charge, lui enlève quelquefois sa liberté d'action. Tout le préjudice est pour l'intérêt public. Permettez au fonctionnaire d'avoir une petite propriété pour y fixer sa maison de campagne, rien de mieux; il serait rigoureux de lui refuser cette satisfaction. Mais encore soyez prudent; car, de là à une dangereuse facilité, il n'y a qu'un pas. Pour mon compte, bien loin de m'étonner de l'existence de l'article 16 dans l'ordonnance, je regrette qu'il soit incomplet et qu'il ait omis de comprendre dans ses dispositions restrictives certains fonctionnaires, tels que les notaires et les défenseurs. Pourquoi permettre à ceux-ci ce que vous défendez à ceux-là? Les notaires et les défenseurs ne sont-ils pas dépositaires des intérêts d'autrui, intérêts graves et sacrés qui ne doivent jamais se trouver en opposition ou en conflit avec les leurs. Si le magistrat sur son siége doit être libre, indépendant, le défenseur, qui a l'honneur de partager ses travaux, doit l'être tout autant. Mais je dois ajouter, comme toujours, que si l'ordonnance contient une mesure sage en elle-même, elle est impuissante pour comprimer les désirs et empêcher le mal qu'ils peuvent faire. Une femme, un frère sont toujours une ressource pour un fonctionnaire qui veut éluder la loi. J'aurais désiré y trouver une catégorie de personnes présumées interposées, comme dans le Code civil, en matière de donations.

On pourrait faire un autre reproche au législateur. C'est qu'en Algérie, où les affaires se brûlent, pour ainsi dire, soumettre aux lenteurs bureaucratiques de Paris et d'Alger l'autorisation d'acquérir, c'est forcer le fonctionnaire à se passer de cette autorisation pour conclure le contrat ou rendre impossible toute acquisition. Pourquoi n'avoir pas confié à l'autorité locale le droit d'accorder cette permission?

Mais l'article 16 doit-il être aujourd'hui maintenu dans toutes ses restrictions ? il ne serait pas sage de le prétendre. L'article 16, comme toutes les autres dispositions de la législation algérienne, exige des réformes progressives. A mesure que nous avançons vers l'assimilation complète, nous devons apporter une modification au régime qui nous gouverne.

Tous les jours l'exception doit reculer devant le progrès du droit commun. Ainsi, dans l'état actuel de la colonie, après la révolution que le peuple de Paris vient de faire, et qui doit nous donner, à nous habitants de l'Algérie, de si légitimes espérances, on devrait permettre aux fonctionnaires d'acquérir librement des immeubles urbains. Cette modification est aujourd'hui sans danger, elle est même réclamée par la justice et l'équité : l'abrogation complète de l'article 16 ne peut venir qu'avec l'annexion départementale à la France.

Depuis l'ordonnance, l'expropriation pour cause d'utilité publique n'est plus laissée à l'arbitraire et au caprice de l'administration. Les formes en sont parfaitement déterminées, les causes indiquées et limitées ; et c'est le tribunal de première instance qui remplit les fonctions de jury d'expropriation pour la fixation de l'indemnité.

Après avoir protégé l'avenir en cherchant à donner un caractère de précision à ce qui serait fait ultérieurement, le législateur a pris quelques mesures pour porter la lumière au chaos dans lequel la spéculation avait jeté la propriété. Ces mesures ont principalement pour but de séparer les droits des particuliers de ceux du domaine qui cherchait des terres à concéder et qui ne savait où prendre son bien, en soumettant à une vérification générale les titres de propriété ; mais, comme ces dispositions ont été abrogées et remplacées par l'ordonnance du 21 juillet 1846, je pense qu'il est inutile de les discuter ici.

On s'est demandé si l'article 3 de l'ordonnance, qui abolissait les *habbous*, abolissait aussi le *cheffa*. Beaucoup de colons trouvaient le *cheffa* incommode et embarrassant : Ce droit, disaient-ils, est le signe d'une époque barbare et ennemie du mouvement ; il tient à une vie mystérieuse et retirée qui n'est plus ; il offre une prime à la ruse et à la mauvaise foi des indigènes ; c'est le caractère d'une société stagnante qui a disparu ; il est incompatible avec le nouvel état de choses qui a surgi de la conquête, avec cette activité puissante qui a remplacé le repos permanent et systématique ; comme obstacle au développement progressif des transactions, comme apportant une entrave à la circulation des propriétés immobilières, circulation que l'on doit plutôt stimuler qu'arrêter, le *cheffa* a dû être abrogé.

Malgré toutes ces raisons, il faut bien dire que le *cheffa* existe toujours et que l'ordonnance ne contient aucune disposition qui le frappe, et il ne manque pas d'arguments pour justifier le législateur de cette omission ; car, si le droit de retrait tient aux habitudes mystérieuses des indigènes ; s'il a pour but d'observer le précepte du secret dans la famille, et d'écarter tout voisinage qui rendrait la cohabitation immorale et difficile, pourquoi le rejeter lorsque nous avons garanti aux indigènes le libre exercice de leur religion et le respect de leurs mœurs? Ce ne serait pas seulement injuste, mais ce serait encore impolitique pour le moment.

Voilà dans son ensemble toute l'ordonnance du 1ᵉʳ octobre 1844 que l'on qualifie de constitution civile de la propriété algérienne. Cette ordonnance a des lacunes, contient des anomalies flagrantes et est encore l'œuvre d'une pensée superficielle et indécise; mais aussi elle renferme quelques bons principes et quelques innovations heureuses qui ont fait faire un pas à la question de colonisation.

CHAPITRE V.

ORDONNANCE DU 21 JUILLET 1846. ÉTAT ACTUEL DE LA PROPRIÉTÉ.

Les défectuosités de l'ordonnance du 1ᵉʳ octobre 1844 ne tardèrent pas à se révéler. La vérification des titres, laissée au conseil d'administration et aux tribunaux, marchait si lentement qu'elle devenait imperceptible. La cause première de cette lenteur, c'était la lenteur même de l'administration des finances, chargée de contrôler les titres déposés dans ses bureaux. On a calculé qu'en marchant de ce pas, cette administration aurait pu avoir terminé dans cinquante ans. On s'est demandé bientôt aussi si la vérification était obligatoire pour tous les territoires cultivables et quelles étaient les conditions de culture réquises pour donner un droit à la possession du sol. Il fallut faire une nouvelle ordonnance; celle du 21 juillet 1846 fut publiée.

Cette ordonnance commence par poser en principe que tous les titres de propriétés rurales devront être vérifiés; le ministre de la guerre détermine par des arrêtés spéciaux le périmètre des territoires soumis à cette mesure; ne sont pas comprises dans ces territoires : les communes du district d'Alger, les communes de Blidah, Oran, Mostaganem, Bône. Le législateur a pensé avec raison que le droit de propriété dans ces localités était suffisamment établi, et que si les titres n'y étaient pas toujours d'une origine bien ancienne et bien authentique, l'état de culture dans lequel les terres se trouvent, les faits accomplis et acceptés y peuvent suppléer.

Tout indigène ou européen qui se prétendra propriétaire de terres comprises dans le périmètre déterminé par les arrêtés devra déposer ses titres de propriété entre les mains de l'administration financière dans le délai de trois mois, à partir de l'insertion de l'arrêté au *Moniteur universel* à Paris et au *Moniteur algérien* à Alger. Si les titres sont antérieurs au 5 juillet 1830, et s'ils constatent en outre le droit de propriété, la situation précise, la contenance et les limites de l'immeuble, le réclamant sera maintenu en possession. Si les titres sont déclarés nuls, le réclamant sera déchu de tous droits et l'état sera déclaré propriétaire. Mais la décision qui infirmera portera obligation pour l'administration de délivrer au propriétaire évincé un hectare de terre par chaque trois francs de rente, conformément à l'article 5 de l'ordonnance du 21 juillet 1845, sur les concessions. Un délai de cinq années est accordé pour faire cette demande. Si le titre est déclaré irrégulier, mais que la terre soit cultivée, le possesseur en recevra la concession définitive, pourvu qu'une maison d'une valeur de cinq mille francs au moins soit construite, et une famille européenne établie sur chaque vingt hectares de terres et que trente arbres soient plantés et entretenus sur chaque hectare ; afin de stimuler le zèle des propriétaires, le législateur frappe d'un impôt spécial et annuel de dix francs par hectare les terres possédées en vertu d'un titre régulier et laissées incultes. L'inculture est déclarée par le ministre de la guerre sur l'avis du conseil du contentieux, qui constitue un tribunal chargé des opérations de la vérification.

Le législateur termine son travail par une disposition sur les marais, disposition édictée dans l'intérêt de la salubrité publique et de l'assainissement des terres. Les marais appartiennent de plein droit à l'état. C'est aussi au conseil du contentieux qu'appartient leur délimitation. L'ordonnance de 1844 était plus généreuse, elle accordait une indemnité ou une concession de terres aux propriétaires qui justifiaient d'un titre antérieur au 5 juillet 1830. Aujourd'hui, les marais sont confisqués sans espérance d'indemnité. L'administration est libre de prendre telles mesures qu'elle jugera convenables pour leur desséchement. Cette attribution de droit exclusif à l'administration est peut-être un peu rigoureuse et injuste ; car, quel doit être le but de la loi ? c'est d'arriver au desséchement des marais par l'état ou tout individu qui possède les moyens nécessaires pour faire exécuter les travaux. Mais si les propriétaires s'engagent à les faire faire, et qu'ils offrent des garanties suffisantes, pourquoi les exproprier ? Quand l'intérêt public se concilie avec le droit de propriété, il est inique de ne pas respecter ce dernier. Le législateur de 1807 a été plus équitable sur ce point.

Plusieurs arrêtés relatifs à l'exécution de cette ordonnance ont été successivement rendus. Il pouvait être dangereux de laisser libres les transactions relatives aux immeubles dont les titres étaient en instance devant le conseil vérificateur ; un arrêté du 2 novembre 1846 vint les prohiber d'une manière absolue, sous peine de révocation pour le notaire qui prêterait son ministère à ces sortes de contrats ; il dispose que l'homologation des titres de détenteurs de terres cultivées ne sera faite que sur la demande des parties intéressées. Il fixe à deux années le délai pour former la demande en homologation , à partir du jour de la promulgation de l'arrêté concernant la vérification. Ce règlement contient en outre quelques mesures efficaces pour assurer la publicité de la vérification et prémunir les tiers intéressés contre une surprise. Un autre du 17 septembre renferme quelques dispositions sur des détails de procédure.

Depuis l'ordonnance du 1ᵉʳ septembre 1847 , portant création de trois directions provinciales et suppression du conseil du contentieux, la vérification des titres de propriétés est confiée aux conseils de directions , institués dans chaque province.

L'ordonnance du 21 juillet 1846 est la plus belle œuvre législative que l'Algérie possède ; c'est la seule loi qui ait un but véritablement pratique et élevé ; un fait qui prouve son utilité et son urgence, c'est que dès le début de la procédure les dix onzièmes de toutes les terres soumises à la vérification étaient réclamés par deux propriétaires à la fois? Ce fait n'a pas besoin de commentaires. Cependant cette loi a été bien attaquée , violemment attaquée même , et pour ne pas être tombée il a fallu qu'elle émanât d'une volonté bien persistante. Son principe est la glorification du travail ; son but est de fixer les droits de chacun et de donner des titres à ceux qui n'en ont pas. Un commentateur du Coran a écrit : « La terre appartient au travail qui la vivifie. » C'est là une maxime vivante dans tous les esprits éclairés et digne de l'intelligence des temps modernes. Quel titre plus respectable et plus sacré que la sueur du travailleur? Un gouvernement qui veut coloniser doit prendre le travail pour base de son système. Un peuple de travailleurs est un peuple robuste, persistant, ami de la patrie et des lois , qui fertilise le sol en même temps qu'il subvient à l'alimentation générale. Toutes les nations riches, mais riches d'une richesse solide , durable et reposant sur l'intérêt de tous, ont toutes considéré le travail comme un droit dont l'homme doit user sous la garantie salutaire et protectrice du pouvoir. Le gouvernement anglais, pour enrichir une compagnie de marchands, a méconnu les droits du travailleur dans les Indes; aussi il n'a fait qu'un peuple d'esclaves abrutis et presque passés à l'état de machines. La petite république de Saint-Domingue est vigoureuse et puissante dans une sphère étroite, parce que son code de 1826 sur la propriété rurale, dont toutes les dispositions sont basées sur les idées de Toussaint-Louverture, a rendu le travail obligatoire pour tous les propriétaires. Qu'on le remarque bien, si on veut avoir dans un pays neuf une population énergique et utile, il faut que la constitution de la propriété repose sur l'obligation au travail, qui augmente la force musculaire, attache au sol, fertilise la terre et amène la richesse. Le principal mérite du législateur de 1846, c'est d'avoir cherché à appliquer ce principe en accordant au cultivateur sérieux un droit à la possession du sol. Pour éviter le désordre et l'obscurité dans les droits de propriété dans une colonie, il faut que tous les titres émanent de l'état. C'est là une vérité que notre gouvernement ne connaissait pas lors de notre établissement en Algérie; aussi il s'est attiré tous les embarras que les Anglais ont éprouvés dernièrement dans la Nouvelle-Zélande; l'ordonnance de 1846 vient, sur ce point, redresser en partie les torts qu'on a eus. C'est un peu tard, il est vrai; mais encore il vaut mieux tard que jamais.

Tel est à peu près aujourd'hui l'état de la propriété en Algérie, état encore douteux, mal assis, qui cherche à s'affermir et qui ne trouvera une assiette fixe qu'après avoir subi l'épreuve de la vérification. Tout le sol des territoires civils est possédé aujourd'hui. La grande œuvre pour le moment est de reconnaître les droits de chacun, de les fixer, de les rendre authentiques. Ce n'est, comme nous le verrons, qu'après l'achèvement de ce travail qu'un système de colonisation utile pourra être pratiqué. Le caractère particulier de la propriété, c'est d'être dans les labeurs de l'enfantement. Que les conseils de directions prennent leur mission, au sérieux; cette mission est belle; elle est surtout utile. Tous les amis de l'Algérie attendent avec impatience le résultat de leurs opérations.

CHAPITRE VI.

DE LA PROPRIÉTÉ DES MINES.

J'ai à parler maintenant d'un genre de propriété qui a un caractère tout particulier, tout exceptionnel, la propriété des mines. Le sol de l'Algérie, et plus spécialement le territoire de Bône, renferme dans ses entrailles de nombreux gîtes de minérai de fer et de cuivre. Ces gisements, dont beaucoup existent en couches d'affleurement, constituent une richesse immense et, au besoin, une ressource à bon marché pour la colonie. Cependant il a fallu treize années d'occupation à nos gouvernants et un concours de circonstances fortuites pour leur donner l'idée de cette richesse. Ils prétendaient coloniser, civiliser l'Afrique, et ils ne se doutaient pas de l'existence du plus beau de ses diamants. Il a fallu, pour parvenir à cette découverte, la course aventureuse d'un soldat égaré ou que la charrue du laboureur vînt se briser contre un filon à peine recouvert. Il n'est pourtant pas nécessaire d'être géologue profond pour deviner que le sol de l'Algérie, à le juger par sa configuration, la nature de ses couches et le genre de ses produits, est un sol métallifère; aujourd'hui il est connu et apprécié. Si le gouvernement eût su, sur ce point, comprendre et rechercher l'intérêt général, les mines pouvaient être un moyen puissant de colonisation, selon la signification large et étendue de ce mot.

Pour réaliser une exploitation intelligente et féconde en résultats, deux systèmes pouvaient être admis : 1° le système des concessions, 2° l'exploitation par le gouvernement.

Avec le système des concessions, il y a moins de péril, moins d'embarras ; mais il faut de la prudence, de la perspicacité et de l'indépendance dans la distribution des faveurs. D'abord un bon choix dans le nombre des solliciteurs est important ; il faut exiger des garanties sérieuses et certaines, des vues droites et des allures franches. Les compagnies qui se forment pour réaliser des primes et s'effacer ensuite doivent être écartées. C'est là un scandale contre lequel on n'est jamais trop sévère. Les périmètres à concéder doivent être nombreux, c'est-à-dire qu'il faut faire le plus de lots possible, afin d'entretenir l'émulation et de diviser les capitaux. Dans une colonie qui a besoin d'être peuplée, il faut répartir la richesse et la diviser pour avoir une population aisée et vigoureuse. Il faut obliger les concessionnaires à créer sur les lieux un centre de population en proportion de l'importance de l'exploitation, et à construire des usines afin d'empêcher toute exportation de minerai à l'état brut. De cette manière, les gisements métallurgiques de l'Algérie sont utiles à l'Algérie, la cause et le soutien de nombreux centres de population qui ne coûtent rien au gouvernement. D'un autre côté, il faut décharger les concessionnaires de la redevance fixe et proportionnelle imposée par les articles 33 et suivants de la loi du 21 avril 1810. Mais, en compensation de ce dégrèvement, on doit les assujétir à l'exécution de tous les travaux qui peuvent être avantageux au progrès colonial en se conciliant avec l'intérêt privé, tels que chemins, canaux, établissements d'usines, créations de petits villages. Rechercher dans des proportions mesquines l'intérêt du fisc et négliger ce qui est la base du peuplement de l'Algérie est d'un calcul étroit.

Avec l'exploitation par le gouvernement, on peut faire plus de bien ; on travaille plus directement pour l'intérêt général. Mais ce système affecte le budget et, à un jour donné, il peut créer des difficultés.

L'exploitation par le gouvernement attire et excite la confiance. Le travail ne chôme jamais dans ses ateliers ; il est plus capable que tout autre de construire des usines solides, de fonder des villages salubres et propres, et d'entretenir les ouvriers dans l'aisance ; lui seul peut s'imposer des sacrifices qui ne sont jamais supportés par les compagnies que par nécessité. Enfin, toutes les forces sont à lui et il peut en disposer. Le gouvernement ne devant pas chercher à faire un lucre, tous les bénéfices de l'exploitation peuvent être employés à l'exécution d'un système de colonisation. Il a besoin de fer pour ses arsenaux, les mines de l'Algérie peuvent le lui fournir à bon marché.

Ce système est d'autant plus praticable que presque tous les gites métallifères de l'Algérie, consistant en minières, peuvent être exploités à ciel ouvert, sans travaux d'art et sans l'emploi de gros capitaux. Ajoutez à ces avantages celui, pour l'état, d'avoir à sa disposition des ingénieurs des mines et des navires de la marine marchande qui ne trouvent pas souvent des marchandises pour faire leur chargement de retour quand ils rentrent directement en France.

En présence de ces deux systèmes, possédant tous les deux des avantages et des inconvénients, qu'a fait le gouvernement ? Il a pris comme toujours des demi-mesures. Dominé par l'intérêt de sa conservation, par le besoin de se créer des dévouements factices, de s'attacher quelques banquiers puissants, il a livré les plus beaux trésors de l'Algérie, sans conditions, à quelques compagnies industrielles, n'ayant pour but que d'épuiser le sol, afin de s'enrichir le mieux et le plus promptement possible. Il semble que dans cette affaire ce sont les besoins généraux que l'on a le moins consultés. Cependant le ministère ne dira pas que les renseignements et les lumières lui aient manqué ; car, pour ce qui concerne la province de Bône, il a trouvé dans M. le général Randon, qui a laissé de si honrables souvenirs dans la localité, un conseil éclairé et un administrateur intelligent qui lui a fourni tous les documents nécessaires pour apprécier et juger sainement la question.

Par un arrêté ministériel du 22 septembre 1844, confirmé par une ordonnance du 3 novembre 1846, les sieurs Henry frères deviennent concessionnaires pour 99 ans des mines de cuivre et de fer du territoire des Mouzaïas renfermant un périmètre de 53 kilomètres.

Le 9 novembre 1845, on publie une autre ordonnance contenant partage au profit de quatre compagnies de toutes les mines de Bône. Tout le monde connaît aujourd'hui au milieu de quels tripotages, de quelles intrigues, de quels tiraillements cette distribution de lots se fit. Il suffit de dire que M. de Bassano obtint la Méboudja, M. Girard les Karésas, M. Didier-Péron le Bou-Hamera, M. Talabot Aïn-Mokhra. La totalité de la superficie de ces quatre concessions nous donne un chiffre de 6100 hectares.

Vous croyez peut-être que la localité se trouve très-heureuse en même temps que très-honorée d'être ainsi donnée en lotissements à quatre capitalistes ; que ces messieurs ont apporté dans le pays l'activité, le bien-être et du travail pour les bras qui en demandent ; qu'ils sont arrivés avec l'intention de construire et de travailler ? ce serait une illusion. Les compagnies se garderaient bien de faire au-delà des obligations du cahier des charges, et, en vérité, je ne les en blâme pas. Si nous consultons les titres de concession, nous n'y trouvons aucune condition qui puisse révéler chez le gouvernement une pensée salutaire à la colonisation. Les intérêts même du propriétaire terrier y sont sacrifiés de la manière la plus déplorable. Ainsi, par exemple, la loi du 21 avril 1810 dispose que l'exploitation du minerai de fer d'alluvion à ciel ouvert appartient au propriétaire du fonds, à la charge par ce dernier de faire à l'autorité administrative la déclaration exigée. Les ordonnances de concession réservent bien aussi ce droit si précieux du propriétaire; mais, comme pour empêcher les conséquences légitimes de cette disposition du droit commun, elles viennent immédiatement décréter qu'en cas de contestation entre les propriétaires du sol et le concessionnaire sur la question de savoir si un gîte métallifère est un minerai d'alluvion susceptible d'être exploité à ciel ouvert, ou un minerai de mine proprement dite; le directeur des travaux publics jugera la difficulté, c'est-à-dire un fonctionnaire qui se décidera, dans le fond de son cabinet, sur le rapport d'un aspirant ingénieur, comme cela est arrivé; avec ce système, les plus faibles sont dépourvus de toutes garanties. Aussi qu'est-il arrivé? il est arrivé qu'une lutte ardente, acharnée s'est engagée entre les compagnies et les propriétaires, et que ces derniers furent écrasés par le résultat de la décision du directeur des travaux publics. Aujourd'hui, ces malheureux, pour se consoler, plaident par mémoires imprimés et publiés, par suppliques envoyées aux chambres qui ne sont plus et aux ministres qui ont pris la fuite; ils viennent, dit-on, de transmettre une nouvelle pétition au gouvernement provisoire; ils s'adressent à toutes les autorités passées, présentes et à venir; ils s'épuisent enfin en toutes sortes de sollicitations; où toutes ces démarches aboutiront-elles? l'avenir le dira.

Je ne prétends pas dire que les propriétaires aient raison; je ne veux pas me faire juge d'une chose jugée, mais je pense que l'insuffisance de garanties que la loi leur donne contre de puissants adversaires rend leur position intéressante et leurs plaintes vraisemblables.

Cependant, si j'ai pu me livrer à quelques critiques sur les compagnies concessionaires, il est bon que l'on sache que je n'attaque en aucune manière les personnes que je tiens pour parfaitement honorables, mais seulement le système imaginé et pratiqué par le gouvernement. D'un autre côté, il serait injuste de faire aux quatre compagnies la même position et de les placer dans la même catégorie. Ainsi, tandis que les compagnies Girard, Talabot et Péron se réunissent pour n'en faire qu'une et se bornent à extraire le minerai pour l'exporter immédiatement à l'état brut, la compagnie Bassano demeure seule avec ses propres ressources, fait fonctionner ou cherche à faire fonctionner une usine où le minerai est traité et qui sera le foyer d'une population de travailleurs. Seule, cette compagnie pratique un mode d'exploitation vraiment utile à la colonie ; puisse-t-elle réussir dans ses efforts ; puissent aussi ses rivales l'imiter bientôt.

Voilà dans quel état déplorable se trouvent les richesses métalliques de l'Algérie ; destinées à enrichir quelques gros capitalistes, elles sont sans profit pour la colonie. Avec les mines on pouvait soutenir le travail et, par conséquent, aider au peuplement, et on s'est contenté de les partager sans conditions entre les plus favorisés. Avec les mines, on devait créer des villages que l'aisance et l'harmonie auraient embellis, que l'association aurait rendus heureux, et on ne trouve rien. Je suis encore à comprendre qu'il ne soit pas entré dans la tête d'un ministre que le principe qui doit servir de base à toutes les concessions de mines dans une colonie *est le traitement du minerai sur les lieux.* Obliger les concessionnaires à construire des usines dans le périmètre concédé était la première condition à imposer, et c'est précisément celle-là que l'on a oubliée. Nous suivons en Algérie le système pratiqué par l'Espagne à l'égard de ses mines d'or et d'argent de l'Amérique ; Dieu veuille que nous n'arrivions pas au même résultat.

Aujourd'hui que la France possède un gouvernement dé-

mocratique, c'est-à-dire un gouvernement vigoureux, énergique et qui a l'intelligence des intérêts généraux du pays,
ne serait-il pas possible de revenir, sans violer les droits
acquis, sur les ordonnances de concession, de les confir-
mer, mais en y ajoutant cette clause : *Les concessionnaires
seront obligés de traiter le minerai sur les lieux*. Ce serait là
une réforme efficace, salutaire, qui ne porterait aucune
atteinte au droit de propriété, et dont se réjouiraient les
véritables amis de l'Algérie.

CHAPITRE VII.

COLONISATION.

La colonisation de l'Algérie doit avoir pur but : 1° *le peuplement du pays*, afin d'avoir une force défensive qui permette la
réduction de l'effectif de l'armée, et des bras pour le travail ;
2° *la mise en culture du sol*, afin de subvenir à l'alimentation des habitants et d'arriver à l'établissement de l'impôt qui
dégrèvera le trésor. Le caractère de la colonisation étant
ainsi défini, l'histoire de la propriété nous force à convenir
que l'on n'a rien fait ou que l'on a fait peu de chose pour
obtenir ce résultat. Quelle est la population agricole qui se
trouve aujourd'hui implantée sur le sol algérien ? quelques
gros propriétaires à quatre ou cinq mille hectares de terre,
qui ne cultivent pas ou qui cultivent peu, et se bornent à
faire des foins qu'ils récoltent sans travail et sans frais pour
les vendre ensuite chèrement à l'administration ; quelques
centaines de familles, chétives, maladives, à la figure pâle
et fiévreuse, éparses dans quelques villages créés par l'admi-

nistration, et maudissant le gouvernement qui leur a fait tra-
verser la mer pour les abandonner à leur misère.

Comme il n'y a pas de population agricole, c'est à peine si
nous trouvons le douzième des terres arables en culture. Mais,
en revanche, nous ne manquons pas de fonctionnaires publics de tous grades et de toutes broderies, d'administrations
que l'on a inventées pour la rareté du fait, qui ne se con-
naissent pas, qui ignorent complètement leurs attributions
et qui regorgent d'employés qui n'ont rien à faire et qui ne
vont à leur bureau que le dernier jour du mois pour toucher
leurs appointements. Tout cela est très-édifiant et très-propre
à créer ce que l'on est convenu d'appeler l'anarchie, c'est-à-
dire une situation négative. Aussi, l'Algérie nons coûte-t-elle
cent millions par an. Ainsi donc, absence de population agricole, absence de terres cultivées, le droit de propriété qui
se purifie seulement par l'épreuve de la vérification des titres,
telle est l'Algérie que nous a léguée le gouvernement de
juillet après dix-huit années d'occupation; de sorte que cette
colonie, d'un sol si riche, est encore obligée de s'approvisionner à l'étranger pour la nourriture et l'entretien de sa
population, et qu'elle pèse d'un poids de cent millions de
francs sur le budget national.

Il y a déjà de longues années que l'on dispute sur la colonisation de l'Algérie; tout le monde a donné son système; tous
les esprits qui avaient rêvé sur l'Afrique, de près ou de loin,
ont voulu attacher leur grelot; le gouvernement seul a gardé
le silence, non pas pour mieux voir et mieux étudier, mais
pour être plus libre de ne rien faire. Ses œuvres ont été
comme sa pensée; il a marché au hasard, sans but, sans
système. Agir sans projet, c'est rendre stériles toutes les réformes et toutes les améliorations que l'on fait. Dans ses
essais de colonisation, le gouvernement semble avoir cherché
(et je pense que c'est plutôt là le résultat du hasard que d'une
idée arrêtée) à faire marcher de front la création de villages

officiels et les concessions libres. Ce système, appliqué avec intelligence et prudence, ne manque pas d'avantages; c'est peut-être le seul possible, c'est certainement celui auquel nous arriverons d'une manière franche et complète, lorsque nous entrerons dans les véritables voies de la colonisation.

Comment l'administration a-t-elle procédé dans la poursuite de la réalisation de ce projet?

Comme je viens de l'insinuer, je ne suis pas de ceux qui pensent que dans une colonie naissante il faille exclusivement abandonner l'agglomération de la population aux instincts naturels, aux prédilections individuelles et aux caprices de chacun; cela est impossible et dangereux dans un pays encore insoumis, où il s'agit de tout créer, sur un sol marécageux et insalubre dans plusieurs de ses parties. Mais, s'il est nécessaire de créer des centres de population et d'y établir des familles, il ne suffit pas, après avoir choisi l'emplacement au hasard, de dire à des malheureux que l'on fait venir d'Allemagne ou de la Savoie : « Voici un endroit propre à bâtir; je vous donne tant de mètres carrés ou tant d'hectares de terres; je vous fournis tels ou tels matériaux pour commencer vos constructions, une vache, deux bœufs, quatre moutons, une somme de 300 francs; maintenant arrangez-vous, ça ne me regarde plus. » En bornant sa générosité à ces fournitures, l'administration ne fait que des misérables qui viennent au bout de six mois lui crier famine, qui dévorent les secours administratifs et leur petit pécule avant de pouvoir récolter de quoi se nourrir pendant un mois, et qui finissent par devenir une charge très-lourde pour l'Algérie, en même temps qu'ils en sont la lèpre et quelquefois l'épouvante.

Oui, le gouvernement, tranchons-le mot, doit faire de la colonisation officielle qui fournira un noyau de travailleurs utiles et sollicitera la confiance de la colonisation libre. C'est à lui de creuser le premier sillon. A cet effet, un rayon pris sur toute l'étendue de la frontière intérieure sera destiné à la

fondation de nombreux villages, dans lesquels le gouvernement établira des familles de colons militaires ou civils. Tous
les travaux généraux de constructions, d'assainissement, de
boisement ou de reboisement, le creusement des canaux,
de routes bonnes et praticables, seront préalablement exécutés
par l'administration qui fera toutes les avances nécessaires
pour subvenir à tous les besoins de l'exploitation, fournira le
matériel et tous les bestiaux utiles à la culture. La moitié du
territoire de chaque commune sera destinée aux céréales,
graines oléagineuses et farineuses en général, aux prairies et
aux vignes; l'autre moitié sera exclusivement affectée aux
plantations de mûriers, figuiers, oliviers, orangers, citron-
niers et d'arbres de toutes sortes. Les plantations pompent et
annihilent l'humidité malfaisante du sol. L'arbre est comme un
soleil de printemps, il fertilise et assainit la terre; la vue de
son feuillage répand le bonheur et la joie dans le cœur du
travailleur.

Avec un sacrifice momentané de sept millions, La zône
frontière recevra cinq mille familles de bons laboureurs. Que
le gouvernement accepte franchement cette charge budgé-
taire. La parcimonie est, dans ces circonstances, une pratique inintelligente et dangereuse. Les demi-mesures sont
toujours funestes. Le gouvernement dira à ces colons : « Ayez
confiance, cette terre est à vous, travaillez; si vous avez des
capitaux, employez-les; si vous n'en avez pas, j'y suppléerai;
je vous donne du temps pour me rembourser; je prélèverai
annuellement un dixième sur vos récoltes, jusqu'à l'amortis-
sement du capital. Souvenez-vous que vous n'êtes pas seulement colons, mais que vous pouvez aussi être soldats. Chaque
village aura une compagnie de milice qui maintiendra l'ordre
et défendra au besoin la colonie contre une insurrection dé-
sormais impossible avec votre concours et votre dévouement. »
Avec ce système, l'Algérie aura bientôt une population vigoureuse qui vivra dans l'aisance qui donne le courage et la

force, d'utiles cultivateurs qui n'auront pas à craindre de périr décimés par la faim et le désespoir; avec ce système, on pourra réduire l'effectif de l'armée, on aura des villages sains et propres, dont la prospérité encouragera les capitalistes et fertilisera le sol. Mais pour lui faire produire toutes les conséquences bienfaisantes qu'il renferme, il faudra commencer par abolir le réseau des douanes qui forme l'obstacle le plus funeste au développement d'un pays qui a besoin de se constituer. L'introduction du régime des douanes en Algérie a été une des causes les plus graves de sa pauvreté. Comment! voilà une colonie qui ne produit encore rien, qui est obligée de s'approvisionner à l'extérieur, et l'on se hâte d'y établir des entrepôts et d'y jeter à grands frais une nuée d'agents fiscaux ayant pour mission de faire doubler le prix de la consommation indigène, de pressurer le pauvre ouvrier, alors que tous les efforts doivent tendre à faciliter l'alimentation! C'est contraire à toutes les règles de l'économie politique.

Voyez comment s'y prennent le Américains des Etats-Unis, ce peuple jeune et libre qui, à peine émancipé, peut déjà servir de modèle à beaucoup de peuples de l'Europe, que fait-il des émigrants qui traversent l'Océan pour aller lui demander un asile et l'hospitalité? il leur donne une terre fertile et facile à cultiver; il encourage leurs espérances et leurs efforts par une protection continue et efficace; subvient à tous les besoins de la situation, leur accorde toutes les institutions municipales et politiques de l'*Union*, ne les soumet à aucune exigence de *gabelou* et, après les avoir établis, il leur dit : « Vous êtes avec des frères; vous êtes libres, travaillez et aimez la patrie qui vous adopte. » C'est assurément là une excellente manière de coloniser; aussi, quand vous parcourez les campagnes d'Amérique, vous trouvez des moissons luxuriantes, des villages propres et solidement construits, des populations robustes et aisées, des visages sur lesquels respirent le bonheur, la liberté et l'espérance, dernier reflet de la vie patriarchale avec les avantages de la civilisation. Je ne sais dans quelle prédestination heureuse gravite cette jeune république; mais, si nous l'étudions dans son âge qui a précédé son émancipation, alors qu'elle formait une colonie anglaise, nous la voyons déjà se préparer par la colonisation au rôle qu'elle joue si bien aujourd'hui; car, il faut l'avouer, les Anglais ont voulu faire des Etats-Unis une belle et forte colonie, en profitant du sol pour y établir une population durable. Un gouvernement ne doit pas craindre de se mettre à la tête de la colonisation, il ne doit pas dédaigner de se faire colon lui-même; qu'il soit hardi et généreux, et les travailleurs ne lui manqueront pas. Nous avons dans le Liban des frères qui souffrent, des chrétiens persécutés et abandonnés à la férocité et au fanatisme de leurs voisins, nous pourrions leur donner une place, une large place dans la colonisation algérienne et les adopter pour les mêler aux colons européens de la zone frontière. Les Maronites sont cultivateurs; ils sont habitués au soleil brûlant de l'Orient, ils travailleraient au progrès agricole de la colonie. Ce n'est pas tout, au-dessus de cette raison d'intérêt local, il y a une raison politique et sociale d'une bien autre importance : si les Maronites appartiennent à la loi du Christ par le cœur et par la foi, ils appartiennent à l'Orient, c'est-à-dire au pays musulman, par les mœurs, les usages, le costume et la langue; leur rapprochement des musulmans sur une terre française, sous la protection de la loi française, hâterait considérablement, je n'en doute pas, la fusion des deux races et l'union des deux religions, double résultat dont la réalisation arrivera dans un avenir plus ou moins prochain.

Avec les colons officiels, les concessionnaires libres, pour lesquels on réservera toute la plaine resserrée entre la mer et le territoire frontière, affecté à la fondation de villages par le gouvernement ; pour que les concessionnaires soient véritablement utiles à la colonisation, il faut qu'ils remplissent deux conditions : 1° qu'ils aient des capitaux, 2° qu'ils livrent à la culture tout le périmètre concédé.

Le capital est nécessaire à un état; c'est lui qui fait travailler, et le travail est la richesse la plus noble et la plus solide. L'alliance du capital et du travail est bien plus indispensable encore dans un pays neuf, inculte où tout est à créer. Le premier besoin de ce pays est de produire; c'est par la production qu'il se forme, qu'il se constitue; les phases de l'établissement du droit de propriété répondent aux progrès de sa production.

Pour avoir des concessionnaires capitalistes, il faut tout d'abord inspirer de la confiance aux capitalistes. Il faut paraître fort, confiant, montrer l'exemple du courage. Les capitalistes espèrent quand le gouvernement espère; ils tremblent quand le gouvernement tremble. Pour eux, le gouvernement est un cadran régulateur de leur conduite; ils sont toujours disposés à l'imiter même dans ses erreurs. D'un autre côté, le capital est très-capricieux, très-susceptible, très-boudeur même; pour peu que la défiance s'empare de lui, il fuit et ne reparaît plus, ou il ne reparaît qu'à force de sollicitations ou de séductions. Les concessionnaires veulent être protégés; loin de rencontrer de la résistance dans l'administration, ils doivent y trouver aide et soutien. Le mode de concéder et de mise en possession doit être simple, facile, rapide. On devrait créer un *conseil spécial de concessions*, chargé de vérifier les titres des candidats et de statuer sur leur demande, sauf recours devant le conseil d'état. Ce conseil, composé de vingt membres choisis dans la magistrature, l'administration, le barreau, le commerce et les colons fonctionnerait à Alger; il devrait rendre sa décision dans le délai de deux mois à partir du jour de la demande, et l'administration aurait ensuite deux autres mois pour exécuter les travaux de délimitation et les opérations de la mise en possession. Tout aspirant à une concession devrait avoir fait un voyage en Algérie, s'il n'y est établi, et avoir visité la plaine où il demande un droit de propriété.

Ce mode proposé ne paraîtra pas si absurde, si l'on remarque que la lenteur et les difficultés que l'on a eues à subir jusqu'à présent ont toujours arrêté les propriétaires de France dans leurs projets de colonisation africaine. Je connais un de ces martyrs de la résignation et du courage; il passa vingt-deux mois à solliciter auprès du ministre; lorsqu'il eut obtenu le bienheureux arrêté de concession, il partit tout joyeux pour Alger, persuadé qu'à son arrivée, il ne lui restait plus qu'à se mettre à travailler. Le malheureux n'était pas au bout de ses peines. Il passa un an à Alger dans l'attente d'une délimitation et d'une mise en possession, courant d'Alger à Blidah et de Blidah à Médéah, frappant à toutes les portes, priant, suppliant, conjurant la plus simple broderie administrative. Enfin, exténué, découragé, il fut obligé de quitter Alger sans avoir pu voir sa concession et après avoir dépensé le petit capital qui devait servir à l'exploiter.

Les concessionnaires doivent être soumis par leur titre à cultiver entièrement la terre concédée. Il est vrai que cette clause a toujours été insérée dans les actes de concessions, mais elle n'a jamais été exécutée.

On nous parle souvent du progrès de la colonisation, du développement de la culture et de l'établissement de fermes considérables; pour mon compte j'avoue que je ne crois ni à ce progrès, ni à ce développement. A part les environs des villes et des villages, où l'on trouve quelques plantations fructifères, quelques jardins cultivés avec soin, je le reconnais; dans quel état voyons-nous les terres arables? La Mitidja, cette terre si belle et si fertile, ne possède que quelques fermes qui tirent toute leur gloire du nom de leurs maîtres; autour de ces fermes quelques hectares, semés en blé ou en orge, une modeste orangerie, quelquefois beaucoup de prairies naturelles qui produisent des foins sans travail, le reste de la

pleine est en friche, tapissée de joncs et de lauriers roses.
Les campagnes de la province d'Oran ont le même sort.

La vallée du Safsaf commence seulement son défrichement.
La timide administration s'est enfin décidée tout récemment
à accorder quelques concessions sur cet immense territoire,
mais rien n'a pu encore être fait jusqu'à ce jour, cependant
les efforts qui ont déjà été tentés par ceux qui viennent de
commencer l'œuvre donnent des espérances pour l'avenir.

C'est dans la plaine de Bône que la culture est le plus avan-
cée; je pourrai citer telles fermes dont les propriétaires font
les plus louables et les plus constants efforts. Dans la campagne qui avoisine la ville, l'œil s'arrête avec plaisir sur quelques
plantations d'oliviers et d'orangers qui raniment l'espérance de
l'observateur découragé; mais là, comme ailleurs, la majeure
partie des terres ne concourt pas au résultat économique que
l'intérêt du pays exige.

Eh bien! il y a dans cette manière de posséder et de gérer
le sol, un vice qui arrête toute colonisation et qui fait que si
les terres ne sont point *sans seigneurs*, elles sont au moins
sans culture; aussi l'Algérie ne donne pas plus de produits
qu'elle ne possède de population agricole. Que les propriétaires y prennent garde; jusqu'à présent ils ont trouvé dans
l'armée quarante mille chevaux pour consommer les produits
de leurs prairies; mais qu'arriverait-il si par la réduction de
l'effectif de l'armée ou de toute autre circonstance, les con-
sommateurs leur manquaient tout-à-coup? Qu'ils y songent
bien, c'est ce qui ne tardera pas à se réaliser et alors que
d'espérances déçues! que de regrets, j'allais dire que de
ruines (1)!

(1) Cette prévision est déjà réalisée; car, au moment où on imprime
cette brochure, on me donne connaissance d'une décision par laquelle
l'administration informe les propriétaires qu'elle n'achètera pas de
foins en 1848.

Lorsque le nouveau gouvernement que la France s'est donné aura étudié la question Algérienne sous le point de vue pratique, il sera convaincu qu'une loi sur la colonisation est urgente, indispensable; mais disons-le, cette loi n'est possible et ne sera efficace que lorsque le travail de vérification générale sera terminé et que le droit de propriété, dont la stabilite doit être la base du système, sera définitivement fixé. Alors seulement on pourra faire quelque chose qui n'avortera pas. Que chacun coopère à cette grande œuvre par ses conseils et dans la limite de ses forces; que chacun fasse un vœu; quand à moi, voici le mien, que je désirerais voir insérer dans la loi en ces termes : « Le droit de propriété consacré d'après l'ordonnance du 1er octobre 1844 et celle du 21 juillet 1846 est garanti en principe, mais avec certaines conditions : toutes les terres provenant, soit d'acquisitions particulières, soit de concessions domaniales, qui ne seront pas mises en culture dans le délai de deux années à partir de cette époque, appartiendront à l'état sans indemnité. Tout propriétaire aura la liberté de laisser en prairies naturelles ou artificielles le quart de ses propriétés. » Au moyen de cette petite disposition, celui qui voudra être ou rester propriétaire fera autre chose que des *foins*.

Des intérêts froissés ou des susceptibilités aigries s'écrieront que c'est là une atteinte au droit de propriété, une mesure du comité de salut public. Soit! c'est là, si vous le voulez, une mesure du comité de salut public; mais un gouvernement doit savoir prendre de ces mesures-là quand il s'agit d'empêcher la ruine d'un pays et de l'enlever à des maîtres qui ne le possédent que pour les pots de vin. Il est toujours pénible d'user de semblables moyens. Le droit de propriété est la base du contrat social; le plus léger froissement qu'on lui fait éprouver peut souvent être considéré comme une violence; mais rappelons-nous que nous sommes ici dans une colonie, dans un pays dont la puissance et la vigueur consistent dans la colonisation. Tous les citoyens doivent travailler pour atteindre ce but, chacun par un emploi intelligent de son capital, et le devoir du gouvernement est de soutenir et de diriger toutes les forces. Si nous voulons nous occuper efficacement des intérêts de l'Algérie, nous devons marcher franchement dans des idées de réformes radicales, pour arriver au *peuplement du pays et la mise en culture des terres*. Selon moi, ce but sera atteint par la fondation de centres de population officiels sur une zone frontière et l'établissement des concessionnaires dans l'intérieur.

Aujourd'hui nos craintes et nos défiances doivent disparaître. Le gouvernement de la république nous a adoptés, nous savons déjà que nous pouvons compter sur ses promesses. Espérons.

FIN.